AF298585

# FACULTÉ DE DROIT DE STRASBOURG.

# CONCOURS DE 1845.

## ÉLOGE DE SCHILTER.

## DISCOURS D'OUVERTURE,

PRONONCÉ

LE 6 AOUT 1845,

PAR

### M. CH. GIRAUD,

Membre de l'Institut, Inspecteur général des études de droit,
Président.

## STRASBOURG,

DE L'IMPRIMERIE DE VEUVE BERGER-LEVRAULT.

—

**1845.**

# CONCOURS DE 1845.

## DISCOURS D'OUVERTURE.

Messieurs,

La solennité des concours est la plus imposante des solennités universitaires. Son objet est d'appeler les plus capables et les mieux préparés à l'éminent emploi de maître de la science ; elle consacre le principe libéral de la concurrence dans la plus noble des candidatures, celle du mérite ; elle substitue à la liberté dangereuse de l'élection la gravité, la publicité, la sainteté d'un jugement, dans lequel intervient la magistrature elle-même. Le concours est aussi ancien que les universités : sa forme plus ou moins heureuse a varié et peut changer encore ; mais son principe, sagement ordonné, sera toujours d'un intérêt vital pour les facultés de droit.

4

Je serai bien compris, Messieurs, en cette Académie qui a joué un si grand rôle dans l'histoire littéraire de l'Europe, et où brillent encore tant de professeurs estimés par leur savoir, par leurs travaux et par l'élévation de leur esprit.

Parmi les devanciers des professeurs qui m'entourent, je compte François Baudouin (*Balduinus*), Fr. Hotoman, Hub. Van Giffen (*Gifanius*), Denys Godefroi, Meier, les Obrecht, Kulpis, Schilter, Schertz, Silberrad, Koch et Arnold. A côté d'eux ont vécu les plus renommés théologiens de la religion réformée, à commencer par les fondateurs eux-mêmes de la réforme; une école nombreuse et savante de philosophes et de mathématiciens exerçait les facultés supérieures de l'intelligence aux grandes applications de la pensée; les plus illustres littérateurs de tous les âges, Sturm, Érythrée, Bernegger, Artopée, Scheid, Bild de Rhenen (*Beatus Rhenanus*), Conr. Lycosthènes, les Bœckler, Oberlin, ont brillé dans vos murs. De savants hébraïsants et des hellénistes tels que Kühn, Lederlin, Schweighæuser, auxquels je puis ajouter Brunck, sont l'orgueil de votre université, qu'honorent encore des historiens comme Jean Sleidan, Schoepflin, Lorenz et Koch, érudits justement respectés de l'Europe entière[1], et

---

1. Le savant archiviste Wencker n'était pas membre de l'université. Grandidier était prébendier de la cathédrale, Baltus et Laguille étaient professeurs à l'université épiscopale.

qui, comme vos prédécesseurs, ont compté parmi leurs élèves les plus grands personnages de leur temps.

Cette gloire d'un corps illustre, est un dépôt sacré pour chacun de ses membres. Elle est pour eux ce qu'est la gloire des aïeux pour des enfants bien nés, *noblesse oblige*. Nous sommes, Messieurs, à l'égard de nos devanciers, comme à l'égard de nos successeurs, *grevés* d'une véritable *substitution* d'honneur et de bonne renommée. Les savants professeurs qui m'entourent l'ont bien ainsi compris, et ils l'ont prouvé par des travaux qui les recommandent à leur tour à l'estime publique. Ce devoir d'honneur sera compris par vous aussi, Messieurs les concurrents; par vous qui venez disputer dans la lice académique la charge d'enseigner la science de l'ordre et de l'organisation civile; la science qui prépare aux citoyens des conseils habiles, des juges éclairés et des administrateurs prudents; qui garantit la sûreté des États par le règlement des droits et des devoirs, et qui pose sur la base des bonnes lois les éléments de la prospérité publique.

L'enseignement du Droit a chez vous, Messieurs, une importance scientifique, que relève encore la situation géographique de la capitale de l'Alsace. Strasbourg est déjà le boulevard de la France; mais en face des grandes universités d'Allemagne, son académie a aussi la mission de défendre l'honneur littéraire des universités françaises.

Les universités ont, de nos jours, quelque peu

perdu de leur ancien empire. Ce n'est point là, Messieurs, un simple fait académique ou pédagogique; c'est un événement social né d'une grande révolution. Les universités étaient jadis le seul organe libre de l'opinion publique, comme les parlements étaient les seuls défenseurs des libertés politiques. Là était le secret de leur pouvoir et de leur influence. Mais la garantie politique a été déplacée et l'opinion a changé d'organe. Notre siècle a conquis le gouvernement représentatif et la liberté de la presse. Les corps de justice ne sont plus des corps politiques; et la vérité qui s'échappait avec gêne des exercices universitaires, retentit chaque jour librement aux oreilles de tout le monde.

Toutefois, Messieurs, le rôle qui nous reste est assez grand pour satisfaire une noble ambition; et, croyez-le bien, l'influence universitaire s'accroîtra dans l'avenir par l'effet naturel et progressif de nos institutions. Nous assistons à la dissémination du vieux trésor de la science; mais un grand peuple ne peut vivre sans une forte réserve de ce genre, et les corps savants sont chargés de la lui ménager. D'un autre côté toute la puissance de l'homme et du citoyen consiste aujourd'hui dans sa valeur personnelle. L'émancipation individuelle est si complète qu'elle deviendrait un danger pour la société, si, en ce point, nous suivions l'entraînement fatal qui pousse si souvent l'humanité jusqu'au terme extrême des idées qui la dominent.

Dans un tel état de civilisation, l'autorité du savoir et l'influence de ceux qui en gardent le dépôt, ne peut que s'accroître. Les universités retrouveront donc sous une forme nouvelle, au milieu d'autres phénomènes sociaux, et leurs combats et leurs triomphes. Le gouvernement comprend bien, Messieurs, l'importance que l'avenir réserve à l'enseignement supérieur, et vous pouvez juger de sa prévoyance par le zèle avec lequel il s'occupe des institutions universitaires.

Et qu'elle est heureuse, Messieurs, la situation académique de Strasbourg! L'Europe est à présent une vaste association de peuples et de rois, entre lesquels s'efface toujours mieux la diversité des mœurs et des idées. L'Europe est, de nos jours, comme une image agrandie de l'ancienne association hellénique, et les communications de la science ont suivi les progrès de la sociabilité. La science n'est plus française ou germanique, elle est européenne. On ne possède aujourd'hui qu'un savoir incomplet, quand on ne connaît pas toute la pensée de l'Europe sur une question qui s'agite. La condition du vrai savoir est à ce prix. Ainsi donc, s'il est plus facile qu'autrefois d'acquérir un peu de science, il est plus difficile, en réalité, d'atteindre à la grande science, dont la hauteur a été relevée. N'êtes-vous pas, Messieurs, un intermédiaire naturel entre les peuples de l'Europe chez lesquels la pensée humaine est le mieux cultivée? L'Italie et l'Angleterre, l'Allemagne et la France se rencontrent dans vos murs.

Au seizième siècle, c'était l'appui des forces allemandes qu'on venait négocier à Strasbourg chez
J. Sturm. Au dix-septième siècle, Bossuet admira dans
votre Obrecht l'*Abrégé de toutes les sciences de l'Europe*.
N'êtes-vous point appelés à fournir encore dans le domaine de la pensée moderne, et sous nos institutions
rajeunies, une destinée qui fut de tous les temps l'élément principal de votre prospérité.

Vous êtes Français, Messieurs, et le tombeau des
rois, dont le génie du moyen âge a placé les statues
monumentales au front de votre église, se peut voir
encore à Saint-Denis. La statue de Louis XIV n'a fait
que remplir une place vacante auprès d'eux; mais
entre lui et Charlemagne, on a laissé debout Rodolphe
de Habsbourg.

C'est surtout au point de vue de la science du Droit
que l'académie de Strasbourg me semble appelée à
exercer une influence heureuse et utile sur le mouvement intellectuel de la France.

Le développement scientifique du Droit se dirige
principalement de nos jours vers l'analyse philosophique et vers l'exploration des monuments de l'histoire. L'Allemagne a déployé sur cette voie nouvelle
une admirable activité. Nous sommes avec elle en
communauté d'études et de travaux; mais nulle part,
mieux que dans cette faculté, le déploiement simultané des forces morales des deux peuples ne peut
produire un plus satisfaisant résultat, dans l'ordre

des études juridiques. Aussi le caractère propre de votre école, qui consiste dans l'union de l'analyse avec la méthode historique, fut-il justement remarqué dans un grand concours de Paris, où les qualités relatives de chacune de nos facultés de Droit pouvaient être appréciées et comparées, et où l'un de vous obtint un triomphe qui est rare dans les annales des concours.

C'est de ce jurisconsulte si distingué, Messieurs les concurrents, que vous venez demander la succession à nos suffrages. Je l'offre pour modèle à votre intelligence et à vos efforts.

Depuis longtemps la tendance historique qui se manifeste dans la culture scientifique du Droit était marquée dans l'université de Strasbourg; on peut dire même que l'exploration historique de la jurisprudence germanique a commencé dans votre école. SCHILTER est le précurseur d'EICHHORN, de GRIMM et d'HOMEYER; — SCHILTER, qui réunit à la méthode de CUJAS l'esprit pratique de DUMOULIN et la savante patience de DUCANGE. SCHILTER, Messieurs, est l'honneur et l'orgueil de l'université de Strasbourg; mais pour développer son génie, il fallait que la Providence le conduisît dans votre grande cité et lui ménageât l'amitié de MABILLON et de BALUZE. C'est à cela qu'il a dû de dépasser H. CONRING.

En vous parlant de SCHILTER, Messieurs, je ne ferai que vous montrer dans le passé la destinée permanente de l'université de Strasbourg, et rappeler à votre mémoire une glorieuse époque de votre histoire universitaire. Schilter vivait en même temps que Domat; mais l'œuvre de tous deux était bien différente. Celui-ci semblait clore dans une grande unité le travail d'enfantement du Droit français; et l'autre recherchait laborieusement encore les monuments épars de l'ancien Droit de son pays, préparant sensément leur application judiciaire avec le double secours de l'histoire et de la philologie, et ménageant à nos études modernes les plus précieuses instructions pour l'investigation des sources germaniques du Droit français. Schilter est pour nous un complément nécessaire de Dumoulin, de Chantereau Lefèvre, de Ducange et de Baluze.

Jean Schilter naquit à Pegau, en Misnie, le 29 août 1632. La guerre de trente ans désolait alors cette partie de l'Allemagne. A peine il était né, qu'il fut emmené à Dresde, où son père et sa mère vinrent chercher un refuge. Il n'avait pas atteint une année, qu'il perdit son père; sa mère, en se remariant, lui donna un second père, qu'une fatalité singulière lui enleva au bout d'un an; et enfin sa mère elle-même, succombant à tant de malheurs, le laissa, pauvre orphelin, abandonné à la Providence divine qui ne lui manqua pas. Un parent recommandable se chargea de diriger son éducation. Il l'envoya dans la célèbre université d'Iena, où le jeune Schilter étudia pendant deux ans la philosophie sous les maîtres les plus renommés de ce temps, et, en 1653, il y soutint avec vigueur (*mascule tutatus est*) une thèse *De Syllogismis ex hypothesi.*

Les thèses étaient en ce temps-là rédigées par les professeurs eux-mêmes et défendues par l'élève candidat au grade. Cette pratique n'est plus en usage chez nous, et l'abandon en est peut-être regrettable. Elle a produit dans les anciennes universités des collections précieuses de monographies remarquables. Elle créait un lien de plus entre le maître et l'élève, et l'un et l'autre y trouvaient un thème de travail qui ne subsiste plus.

La thèse de SCHILTER était l'ouvrage d'un professeur habile et hardi; elle souleva une tempête dans l'école d'Iena. SCHILTER la soutint avec une distinction rare; mais après cette épreuve retentissante il quitta Iena, pour venir suivre encore pendant deux ans les cours de philosophie de Leipsic. Il y défendit avec éclat une thèse littéraire, et y reçut le grade de docteur en philosophie.

Ce n'étaient là que les préliminaires de son application à la jurisprudence. Ce n'était point alors avec un léger bagage qu'on pénétrait dans le sanctuaire du Droit. De fortes études littéraires, une connaissance approfondie de la philosophie, un savoir vraiment encyclopédique, étaient nécessaires pour être admis avec honneur au rang des jurisconsultes; et les instruments de la science étaient plus difficiles à manier qu'aujourd'hui. Mais la multiplication des difficultés multipliait les forces et l'énergie des adeptes de la science.

Schilter était neveu, par sa mère, de Strauch, célèbre jurisconsulte et professeur de l'université d'Iena. Sous la direction de cet homme éclairé, Schilter se livra pendant cinq ans à l'étude approfondie de toutes les parties de la jurisprudence; Strauch voulut même qu'il y joignît deux ans de pratique active des affaires. Schilter devint un jurisconsulte consommé. Il reçut avec applaudissement la couronne du doctorat, et la maison ducale de Saxe lui confia des emplois considérables. Le duc Bernard de Weimar l'appela dans son conseil; mais à sa mort, en 1678, Schilter résolut de se consacrer tout entier à la science, et il vint s'établir à Francfort sur le Mein. Ce fut là qu'Obrecht le connut; il apprécia son savoir profond et son esprit pratique. La charge d'avocat général (*consiliarius*) de la ville de Strasbourg était alors vacante. C'était une sorte de magistrature, dont la fonction consistait à exercer auprès du sénat les attributions du ministère public. Toutes les affaires du sénat étaient préalablement examinées par l'avocat général, qui donnait son avis sur la question à résoudre. On offrit à Schilter cette charge importante, avec le titre de professeur honoraire à l'université, et à d'excellentes conditions (*opimis conditionibus*). Schilter accepta ces propositions avantageuses; il leur donna même la préférence sur celles d'un prince puissant, et il vint, en 1686, s'établir à Strasbourg, pour ne plus le quitter.

C'est une époque mémorable de sa vie et non moins mémorable aussi de votre histoire littéraire. Schilter était déjà connu par de beaux ouvrages, qui avaient solidement établi sa réputation ; mais sa position nouvelle lui permit de donner un plus libre essor aux facultés diverses de son esprit. Il unissait au sentiment exquis de l'érudition, la passion de la jurisprudence et le goût des affaires, pour lesquelles il avait une merveilleuse aptitude. Il put satisfaire à ces besoins variés de son intelligence. Conduisant de front les travaux universitaires et les affaires de la ville, il y déploya la plus étonnante activité jusqu'à sa mort.

C'est à tort, ce me semble, qu'on s'est plaint de la décadence de l'étude du Droit au dix-septième siècle. Sans doute l'exploration du Droit romain classique a paru suspendue; mais que restait-il à faire après Cujas, jusqu'à la découverte de Gaius? en vérité peu de chose. Rien ne tombe ou ne s'élève sans motif dans le monde. L'esprit humain devait donc chercher d'autres voies que celles de Cujas. Fabrot s'est alors appliqué à la publication des basiliques ; J. Godefroi a consacré trente ans à préparer la publication du Code théodosien; et Schilter a fixé la jurisprudence pratique de l'Allemagne en même temps qu'il en exhumait les monuments originaux. Les jurisconsultes de son âge l'ont appelé le Papinien de l'Allemagne; les praticiens ignorants le nommaient *le roi des mots* (*einen Wort-König*). Il avait la sagacité de DUMOULIN, mais plus de savoir peut-être que le célèbre jurisconsulte parisien. HERMANN CONRING et SCHILTER sont les premiers, dit EICHHORN, qui ont donné des notions saines et vraies sur le développement historique et sur la théorie du Droit allemand. Ils ont préparé en effet une ère nouvelle à l'étude du Droit germanique : CONRING en exposant le premier ses origines, et SCHILTER en poussant plus avant cette investigation, surtout pour les pays franciques et alemanniques, et en établissant le premier les rapports d'une théorie générale du Droit teutonique avec le Droit romain.

Si nous jetons rapidement les yeux sur les travaux de SCHILTER, notre débilité moderne en sera effrayée.

Il a publié sur le Droit romain classique cinq ouvrages qui peuvent être encore recherchés et qui attestent la supériorité de son éducation juridique.

Pour le Droit romain pratique, il a donné au barreau trois ouvrages dont un, sa *Praxis juris romani in foro germanico, sive exercitationes ad Pandectas*, en 3 vol. in-fol., est resté comme élémentaire en Allemagne pendant plus d'un siècle et a eu huit éditions.

Pour le Droit canonique, SCHILTER a publié divers ouvrages savants dont un (ses *Institutiones juris canonici*) est encore justement estimé. Le célèbre BOËHMER en a soigné lui-même une édition, après la mort de SCHILTER.

Ses ouvrages sur le Droit public ecclésiastique d'Allemagne peuvent être mis en parallèle avec ceux que DE MARCA a publiés sur le Droit public ecclésiastique français.

Le Droit public, proprement dit, lui doit aussi des publications capitales, qui n'ont cessé d'avoir une autorité usuelle qu'avec les révolutions qui ont changé la face politique de l'Allemagne.

Dans le Droit féodal, SCHILTER a fait lui-même une révolution dans la science et dans la pratique. Jusqu'à lui, personne ne semblait avoir soupçonné que le Droit féodal eût revêtu d'autre forme légale que celle des coutumes de Lombardie; et cette opinion était d'autant plus accréditée que le Droit lombard, passant les monts au nord comme à l'occident, était devenu le Droit commun des fiefs en Allemagne comme en France. SCHILTER montra par les monuments et par les sources du Droit germanique, qu'il y avait un Droit féodal alémannique, un Droit féodal saxon, ou un Droit féodal francique, tout comme un Droit féodal lombard, chacun avec son caractère propre; et que chaque famille germanique avait librement rencontré dans sa marche vers la civilisation moderne une forme féodale analogue à son génie particulier.

Le *Codex juris feudalis alemannici* de SCHILTER, ses traités sur le parage et sur la succession féodale sont encore aujourd'hui des livres précieux dont les publications modernes n'ont pas détruit l'importance ni l'autorité. Personne avant Schilter n'avait fait connaître à la France les textes des grandes coutumes allemandes du treizième siècle, et ne les y avait signalées à l'attention des historiens du Droit. Ses recherches avaient d'autant plus d'intérêt qu'elles s'appliquaient autant pour la langue que pour le fond du Droit lui-même à tous les pays d'origine alémannique, situés dans la vallée du Rhin. Après lui, les jurisconsultes du dix-huitième siècle ont suivi de loin la trace de Schilter sur la grande et nouvelle voie de la science, dans laquelle les jurisconsultes éminents de notre âge viennent encore de se jeter au grand profit de la jurisprudence historique. Schilter est le maître du Droit féodal germanique, et le Droit qu'on est convenu de nommer *provincial* (*Landrecht*), ne lui doit pas moins de services. Schilter est le vrai fondateur de la grande étude historique des coutumes germaniques. Il les a suivies dans tout pays; il a exhumé à Paris de la poussière de nos bibliothèques de vieux feudistes négligés jusqu'à son temps, et il a publié le texte le plus ancien de la loi salique, texte mémorable qui a ouvert la carrière des grands travaux de notre époque sur les lois germaniques contemporaines des invasions. Il a découvert aussi d'anciennes traductions théotisques des capitulaires qui avaient échappé à Baluze, comme le vieux texte lui-même de la loi salique.

Pour le Droit des gens et diplomatique, Schilter se livra également à des travaux de premier ordre.

Deux commentaires composés par lui sur le livre de GROTIUS sont restés inédits; mais quatre autres livres publiés par SCHILTER sur cette matière attestent l'universalité de son aptitude.

Les monuments civils de l'histoire germanique furent aussi de sa part l'objet d'une application spéciale. Il a publié un volume d'anciens chroniqueurs et historiens; il a publié les monuments primitifs de la littérature religieuse de la Germanie chrétienne dans ce *Thesaurus antiquitatum Teutonicarum*, qui contient aussi son admirable *Glossaire*, lequel suffirait à la gloire de SCHILTER et donne une juste idée de la sagacité de son esprit, de la rectitude de sa critique, et de l'immensité de son érudition.

Il n'a pas négligé pour cela l'histoire ecclésiastique générale, la littérature ancienne, et la littérature germanique. Il nous a laissé sur chacun de ces sujets des compositions estimées : la procédure même a fait l'objet d'un de ses ouvrages, qui est resté inédit.

Enfin, Messieurs, il a voulu payer au pays qui l'avait adopté la dette de sa reconnaissance. Il a expliqué de curieux monuments qui ne sont arrivés que mutilés jusqu'à nous; il a publié, à l'occasion de votre célèbre chroniqueur Königshoven, un volume qui sera toujours recherché, et dans lequel il a le premier fait connaître vos curieuses et antiques coutumes du dixième siècle; il a imprimé un volume des *Consilia argentoratensia*, dans lequel sont réunis les actes de votre jurisprudence locale, et qui fait suite aux deux volumes déjà publiés par Schmid; il a composé en outre ce volume important que l'on trouve en manuscrit dans tous les cabinets de cette ville, et qui contient le *Jus argentoratense*, ouvrage extrait d'une volumineuse collection de pièces originales, laquelle existe encore en partie dans les dépôts publics de cette ville. Je ne parle pas de plusieurs dissertations curieuses, dont l'importance s'efface devant les trois ouvrages dont je viens de parler.

Tel a été Schilter, Messieurs, propre à tout, éminent dans tout et suffisant à tout; car à ces travaux immenses de composition, il joignait l'exercice actif du professorat, et les devoirs d'une charge fort occupée. Ce sera un prodige incroyable pour la postérité, dit un de ses contemporains, qu'un homme ait pu suffire à tant de choses. En effet, le nom de Schilter se rencontre partout dans les archives des vingt années qu'il a passées dans votre ville; et la trempe de son esprit était si bonne, et le gouvernement de sa vie si bien réglé, qu'il put faire face à tant de travaux avec une santé débile et délabrée. Il passa au lit les six dernières années de sa vie, et de son lit il continua ses fonctions et ses publications. Son activité même sembla multipliée. Il avait transformé sa chambre en école de droit. Ses élèves venaient l'y entendre avec une religieuse assiduité, et l'on se pressait avec respect autour du siége de la douleur qui était devenu la chaire de la science.

A ces qualités éminentes de l'esprit il joignait le plus aimable caractère; il ne fut jamais attaqué, même *littérairement*, par personne; et tous ceux qui l'ont connu en ont parlé avec amour. Il mourut dans le calme de l'âme juste, mais au milieu des souffrances du corps, le 14 mai 1705, après avoir gardé presque jusqu'au dernier moment son auditoire et ses habitudes de labeur.

Le jour de sa mort fut un jour de deuil public. Le recteur de votre Académie publia, la veille des funérailles, une sorte de proclamation, dans laquelle on lisait ces paroles: *Vos, cives, tanti viri jacturam dolete, memoriam sacra veneratione colite, corpusque in sepulcro inferendum frequenti multitudine sequimini.*

Tel fut Schilter, Messieurs, le modèle des professeurs, le modèle des savants. Je recommande son excellente mémoire aux docteurs qui aspirent à l'honneur de prendre place dans l'université qu'il a illustrée, et dans laquelle vivent encore de si bonnes traditions.

## 1.<sup>re</sup> NOTE.

*Ouvrages publiés par J. SCHILTER.*

1. *Diatribe logica de syllogismis ex hypothesi, secundum Aristo=telem.* Iena, 1653, in-4.°; *ibid.,* 1678, in-8.°, avec des additions, à la suite de la *Praxis artis analyticæ.* (Voy. *inf.,* n.° 10).
2. *Disputatio exhibens analysim vitæ Titi Pomponii Attici, a Cornelio Nepote descriptæ.* Leipsic, 1654, in-4.°
3. *De acquisitionibus per hos qui sunt in potestate; diss.* Iena, 1658, in-4.°
4. *Dissert. jurid. de jure et statu obsidum.* Rudolstadt, 1664, in-8.° Une édition nouvelle est insérée dans le 1.<sup>er</sup> volume de la *Praxis juris romani in foro germanico.* (Voy. *inf.,* n.° 6.)
5. *De cursu publico, de Angariis et Parangariis, ac de onere temonario.* Iena, 1671, in-4.°
6. *Exercitationes theoretico-practicæ ad L libros Pandectarum juris,* etc. Iena, 1672, in-4.°

Cet ouvrage a été remanié par Schilter. Ses diverses parties furent publiées par lui, avec des titres nouveaux; une 1.<sup>re</sup> partie : *Praxis juris romani in foro germanico, juxta ordinem edicti perpetui et Pandectarum,* Leipsic et Iena, 1675, in-4.°; *it., ibid.,* 1678, avec des additions et des dédicaces nouvelles; les 2.<sup>e</sup>, 3.<sup>e</sup> et 4.<sup>e</sup> parties reparurent séparément en 1680-1681. En 1683, la 1.<sup>re</sup> partie fut réimprimée; enfin la dernière partie fut publiée à Iena, 1684, in-4.°; le tout réuni fut imprimé, avec des additions et une préface nouvelle, à Strasbourg, 1686; *it.,* avec des augmentations, Iena, 1698, 3 tom. in-fol. : à la fin du tome 1.<sup>er</sup> se trouvent quelques dissertations curieuses, et entre autres *De Landsassiis, Amtsassiis* et *Schriftsassiis.* En tête de ce même volume se trouvent quelques pages dé Strauch sur Schilter, qui n'ont pas été reproduites dans les éditions de Thomasius. — *It.*, Iena, 1713, 3 tom. in-fol., avec une préface de Thomasius, qui contient une notice littéraire sur Schilter : édition réimprimée à Francfort, 1733, 3 tom. in-fol.

7. *Manuductio philosophiæ moralis ad veram nec simulatam jurisprudentiam.* Iena, 1676, in-8.°

8. *Dissertatio de jure hospitiorum.* Helmstadt, 1677, in-4.° Schilter y renvoie souvent dans la dissertation *De jure peregrinorum,* qui est insérée au tome 1.ᵉʳ de la *Prax. J. R. in foro germ.*

9. *De hæreditate, bonorumque possessione persequenda.* Iena, 1677, in-4.°

10. *Praxis artis analyticæ in jurisprudentia.... accedit Dissert. de syllogismis ex hypothesi.* Iena, 1678, in-8.°; *it.,* 1687, in-8.°

11. *Institutiones juris canonici ad Ecclesiæ veteris et hodiernæ statum accomodatæ.* Iena, 1681, in-12; *edit. altera, correctior et posteriore parte auctior.* Strasbourg, 1688, in-8.° La *pars posterior* se compose : 1.° de l'ouvrage de Duarein : *De sacris Ecclesiæ ministeriis ac beneficiis, lib. VIII.* Livre curieux et profond, composé en 1551, et qui retrace encore fidèlement la résistance qui éclata dans les parlements à l'occasion du concordat de François I.ᵉʳ A la suite se trouve un *Libellus* non moins curieux et peu connu, intitulé : *Pro libertate Ecclesiæ gallicæ adversus romanam aulam defensio parisiensis curiæ, Ludovico XI, Gallorum regi quondam oblata* (en 1463, lorsque Louis XI, eut consenti à l'abrogation de la pragmatique de Bourges ; abrogation qui n'eut aucun effet, à cause de la résistance des parlements) ; — 2.° des *Concordata nationis germanicæ, cum notis J. Schilteri* (réimprimés séparément en 1688, Strasbourg, in-4.°, avec l'ouvrage de Duarein, et de nouveau avec des additions inédites, par les soins de J. Chr. Gebauer, Leipsic, 1728, in-8.° L'éditeur y a ajouté la *Constitutio de expeditione romana, cum M. Freheri et aliorum notis; Ludovici Cantarelli Fabri* (Chantereau le Fevre) *de eadem commentatio ; Conr. S. Schurtzfleischii de Conrado imperatore et de eadem constitutione dissertatio*).

Cette édition de 1688 a été souvent reproduite. En 1713 J. H. Bœhmer en donna une édition fort soignée, augmentée d'une préface et de quelques notes. *Francof. et Lisps.*, 1713, in-8.°, réimprimée en 1719. C'est un livre toujours recherché. On y trouve les *Differentiæ juris civilis et canonici* de H. Hahn, annotées par Schilter. Bœhmer a publié aussi un *Schilterus suppletus et continuatus*, Hal. 1712, in-8.°, livre auquel, à son tour, C. H. Horn a donné des *additamenta*, Wittemberg, 1718, in-8.°

12. *Praxis juris civilis romani circa tutelas et curas in foro germanico, ad Pandect. lib. XXVI et XXVII.* Iena, 1681, in-4.° *id.*, 1684, in-4.° Ce livre donna lieu à une attaque, contre laquelle Schilter se défendit dans les *Acta erud. Lips.*, 1682, p. 367; il a été refondu dans la *Praxis J. R. in foro germ.*

13. *De libertate Ecclesiarum Germaniæ, lib. VII; accedit de prudentia juris christianorum; itemque de fatis Eccles. per Joannem divinitus revelatis Diss.* Iena, 1683, in-4.° Schilter avait composé une 2.ᵉ partie pour le *De prudent. jur. christ.*; mais elle est restée manuscrite : elle traitait *De pactionibus divini juris.*

14. *Institutiones juris ex principiis juris naturæ, gentium et civilis, tum romani, tum germanici, ad usum fori hodierni accomodatæ.* Leipsic, 1685, in-8.°

15. *Herennii Modestini fragmenta* περὶ εὑρηματικῶν, *comment. illustrata; cui adjuncta est historia dogmatis Ecclesiæ christianæ, de dissolutione matrimonii quoad vinculum. Argentorati,* 1687, in-4.° (Voy. le n.° 24 *infra.*)

16. *De bonis Laudemialibus. Argent.,* 1690, in-4.° — Réimprimé dans le *Codex juris alemannici.* (*Infra* n.° 22.)

17. *Dissert. juridica de curiis dominicalibus vulgo* Von Dinckhöffen. *Argentorali,* 1691, in-4.°; réimprimée dans le *Codex feud. alem.*

18. *De vicariis imperii romani germanici.* Strasbourg, 1693, in-4.°

19. *Ad jus feudale utrumque germanicum et longobardicum intro-*
*ductio.* Strasbourg, 1695, in-8.°; *it.,* avec des corrections
inédites, 1721, *ibid.,* in-8.°; *it., ibid.,* 1727, in-8.°; *it., cum*
*adnot. G. Chr. Gebauer, Lips.,* 1728, in-8.°; *it., cum observat.*
*J. G. Heineccii. Berol.,* 1742, in-8.°; *it. ead. accedunt Schil-*
*teri comment. de natura success. feudalis, atque ad eamdem*
*mantissa* (tirées du traité *De Paragio,* etc., *infra* n.° 36). *Berol.,*
1750, in-8.° Ce livre classique a de plus été l'objet de plusieurs commentaires fort étendus, écrits en langue allemande.

20. ΕΠΙΝΙΚΙΟΝ *Rhytmo teutonico acclamatum Ludovico regi, A. C.*
883, *versione latina et observat. hist. illustr.* Strasbourg, 1696,
in-4.° (reproduit avec des corrections et des notes nouvelles
dans le tome 2 du *Thesaurus antiq. German., infra* n.° 43).

21. *Institutionum juris publici romano germanici,* tom. 2. *Argent.,*
1697, in-8.°

22. *Codex juris alemannici feudalis, germanice et latine, cum*
*commentario ad singula capitula, ac dissertationibus huc pertinen-*
*tibus et præfatione de ejusdem juris origine, usu et autoritate.*
*Accedunt Antonii Mincuccii de Prato veteri libri VI de feudis,*
*a biblioth. parisiensi nunc primum editi; Bartholomæi Baraterii*
*libellus feudorum reformatus, et Antonii D. Alteserræ de ori-*
*gine et statu feudorum pro moribus Galliæ liber singularis.*
*Argentorati,* 1697, in-4.°, 3 part. en 1 vol. in-4.°; réimprimé
plus correctement en 1728, à Strasbourg, in-fol., par les soins
de Schertz, qui ajouta une préface et quelques dissertations
déjà imprimées, entre autres celle *De jure emponematum.*
( *Infra* n.° 29 ).

23. *Dissert. de termino e quo restitutio bonorum Ecclesiæ pe-*
*tenda.* Strasbourg, 1697, in-4.°

24. *D. Aurelii Augustini libri II, de adulterinis conjugiis ad Pol-*
*lentium, cum notis juridicis et moralibus, quibus dogma Ecclesiæ*
*de matrimonii dissolutione illustratur.* Iena, 1698, in-4.° Cet
ouvrage parut sans nom d'auteur.

25. *Jurisprudentiæ totius, tam romanæ quam germanicæ privatæ*

*legitima elementa duobus partibus absoluta. Argent.*, 1698, in-8.°

26. *Die alteste teutsche so wol allgemeine als insonderheit Elsassische und Strasburgische Chronicke, von Jacob von Königshoven.... mit historischen Anmerckungen.* Strassburg, 1698, in-4.°

27. *Institutiones juris civilis Justinianei.* Strasbourg, 1698, in-8.°

28. *Epitome juris privati. Argentorati,* 1698, in-8,° Je crois que cet ouvrage est le même que celui du n.° 26, avec un titre différent.

29. *Commentatio juridica ad constitutionem argentoratensem de emponematum jure, vulgo* Vom Schauffel-Recht. *Argentorati,* 1698, in-4.° Réimprimé par Schertz à la suite de l'édition de 1728 du *Jus feudale alemannicum.*

30. *Joh. Limnæi Jus publicum, auctius et correctius editum. Argentor.,* 1699, in-4.°

31. *Nicolai Betsii de statutis, pactis et consuetudinibus familiarum illustrium et nobilium, illis præsertim quæ jus primogenituræ concernunt, tractatus nomico-politicus, ad usum Germaniæ potissimum accomodatus; nova præfatione, summariis, notis et indice copiosiori illustr. Argentor.,* 1699, in-4.°

32. *De pace religiosa liber singularis; accesserunt acta, consilia, responsa,* etc. *Argentor.,* 1700, in-8.°

33. *Pauli Mathiæ Wehneri et Joh. Rudingeri observationes practicæ, auctius editæ, cum notis diversorum J. C., additionibus, indicibus ac præfatione. Argentorati,* 1700, in-fol.

34. *Consilia Argentoratensia, vel illustria juris responsa, a Marco Ottone, J. C., sed ab aliis jurisconsultis Argentoratensibus consignata. Operis antehac cœpti volumen novum, cura J. Schilteri. Argentorati,* 1701, in-fol.

Ce volume est destiné à faire suite aux *Consilia Argentoratensia, sive illustria juris responsa, tum a celeberrim. J. C., tum a J. F. Schmidio J. C. adornata. Argentorati,* 1642, 2 vol. in-fol. — Schilter avait rédigé un second volume de *Consilia,* qui est resté en manuscrit.

35. *Tractatus præcipui de renunciationibus, utpote Giphanii, Dalneri, Breulæi et Kellenbenzii, cum notis et præfatione. Tomo 2 exhibentur celeb. chr. L. Leuchtii, additiones ad Dalnerum, annexis insuper quibusdam responsis. Argentorati*, 1701-1702, in-4.°, 2 vol.

36. *Tractatus de paragio et apanagio; item de feudis juris francici dissertatio, ut et velitationes de successione lineari nec non Justi Meyeri de rei feudalis vindicatione disceptatio. Argentorati*, 1701, in-4.°

37. *Diatribe de s. r. G. imperii comitum prærogativa, ac jure inter ipsos et ordinem equestrem imperii immediatum, etc. Argentorati*, 1702, in-4.°

38. *Scriptores rerum germanicarum ab illustri quondam Kulpisio editi, nunc vero in meliorem ordinem redacti, cum præfatione et notis. Argentorati*, 1702, in-fol.

39. *Dissertatio de condominio circa sacra. Argentorati*, 1704, in-4.°

40. *Ad Adami Struvii Syntagma juris civilis notæ. Adjecta sunt nonnulla responsa et consilia juris feudalis inedita. Argentorati*, 1704, in-4.°; *it., Argentorati*, 1711, in-4.°

41. *J. G. de Kulpis dissertat. academicarum volumen, cum præfat. J. Schilteri. Argentorati*, 1705, in-4.°

(J'ignore complétement ce qu'est un *Commentarius juris rom.* dont parle Struve, *Bibl. jur.*, cap. 16, §. 15, et qu'il indique comme imprimé à Iena, 1712, in-fol. Je crains que cette indication ne soit erronnée.)

42. *De probatione per archivum et de secretariis, dissert. II.* Dans le recueil de Wencker, intitulé : *Collecta archivi et cancellariæ jura. Argentorati*, 1715, in-4.°

43. *Thesaurus antiquitatum Teutonicarum. Ulmæ*, 1728, 3 vol. in-fol. Le *Glossarium ad scriptores linguæ francicæ et alemannicæ veteris*, occupe le 3.ᵉ volume. — Struve-Buder dit, dans sa *Bibliotheca juris*, que Schilter avait composé un *Glossarium saxonicum*; c'est du précédent ouvrage qu'il a voulu parler.

44. *Descriptio montis Francorum (Frankenberg ou Framont) et*

*monumentorum ibidem inventorum* ( composé en 1697 en colla-
boration avec Dom Alliot); mss. in-fol. à la biblioth. de Strasb.
(Voy. page 557 du *Dict. de l'Alsace.*)

45. *Jus statutarium municipale reipublicæ Argentoratensis, in ordinem redactum, cum paratitlis et observationibus. Cui præfixa
est introductio de statu publico, immunitate et autonomia hujus
reipublicæ,* in-fol., mss. (composé en 1700). Les copies de cet
ouvrage ont varié selon le caprice des propriétaires ; les uns
ont ajouté, les autres ont retranché. L'exemplaire de la bibliothèque de Strasbourg est en 2 vol. in-fol. L'exemplaire des
archives de la ville offre probablement la compilation originale
de Schilter. La ville de Strasbourg devra bientôt à l'adminis-
tration éclairée de M. le prof. Schützenberger la publication
des monuments principaux de son histoire, qui ont une si grande
importance pour l'histoire générale du moyen âge. Un volume
de chroniques est déjà publié. Le second volume, qui contiendra
les *lois et statuts de la ville libre de Strasbourg,* est sous presse.

---

## 2.ᵉ NOTE.

### *Sources biographiques.*

1. Note de Strauchius, datée de 1671 et publiée en tête de
l'édition de la *Praxis juris romani in foro Germanico,* de 1698.
Elle n'a pas été reproduite dans les éditions postérieures.

2. Proclamation funèbre du recteur de l'académie de Strasbourg, publiée à l'occasion des funérailles de Schilter : *Rector
univ. Argent. J. Ph. Bartenstein, civibus academicis S. P. D.
Argent.,* 1705, in-fol., de 4 feuilles.

3. *De vita et obitu J. Schilteri,* par Feltz, élève et collègue
de Schilter à l'université de Strasbourg, 1711, in-fol., de 44
pages. La notice de Bartenstein y est réimprimée. Le tout a été
reproduit dans le tome II du *Thesaurus antiquit. teutonicarum.*
C'est là qu'a été puisée la notice insérée dans le tome X des
*Gundlingiana.*

4. Notice sur Schilter, par Thomasius, en tête de la *Praxis juris romani in foro germ.*, édit. de 1713 et de 1733. Thomasius a beaucoup emprunté à Feltz.

5. La notice bibliographique publiée par Nicéron (tom. XI, pag. 307 et suiv.) est plus ample que celle de Feltz, sans être complète elle-même ; mais elle contient des inexactitudes qui sont surpassées par les inexactitudes de sa notice biographique (*ibid.*, pag. 303 et suiv.). Ainsi, par exemple, Nicéron prétend que Schilter se remaria avec Susanne-Catherine, fille d'Abraham Dieudonné ; rien n'est moins vrai.

Schilter s'était marié en 1660 ; il eut cinq enfants, dont trois moururent en bas âge. Sa fille mourut peu de temps après avoir été mariée à Iena. Il ne restait à Schilter qu'un fils, qui s'établit lui-même à Iena et qui lui survécut. Son épouse l'ayant devancé dans la tombe en 1699, ce vieillard malheureux *adopta* Susanne-Catherine, fille d'Abraham Dieudonné, secrétaire particulier du maréchal de Turenne, laquelle avait prodigué à l'épouse de Schilter et à lui-même les soins les plus touchants ; il la maria à Fréd. Kempfer, commerçant de Strasbourg. Ce fut cette fille adoptive qui lui ferma les yeux.

6. Les notes mss. de Schœpflin sur l'Alsace ( t. II, fol. 65 et suiv.) contiennent une ample indication des sources biographiques et littéraires relatives à Schilter (à la bibliothèque de Strasbourg). Je remercie le savant M. Jung de la bienveillante communication qu'il a bien voulu m'en donner.

7. Les *Acta eruditorum* de Leipsic renferment de nombreuses récensions des publications de Schilter, savoir : 1682, p. 158 ; 1683, p. 104 ; 1684, p. 294 ; 1685, p. 530 ; 1687, p. 375 ; 1695, p. 516 ; 1697, p. 147 ; 1698, p. 339 ; 1700, p. 405 ; 1701, p. 300 ; 1702, p. 199 ; 1704, p. 336 ; 1728, p. 539.

Les *Exercitationes* de Schilter, ainsi que les *Consilia Argentoratensia*, contiennent un grand nombre de *responsa* délibérées par l'université de Droit de Strasbourg et rédigées par Schilter.

### 3.<sup>e</sup> **NOTE.** (1)

*Mémoriale des XIII,* année 1686, p. 218.

Séance du 25 mai.

Rapport de l'ammeistre régnant : que le professeur J. Gge.
Culpis (récemment nommé à la place de troisième avocat de la
ville, devenue vacante par la démission du professeur Stœsser,
entré au service de la Bavière) a fait part de son acceptation des
fonctions à lui offertes par le duc de Wurtemberg (celles de
vice-directeur du conseil ecclésiastique à Stuttgard); qu'après
avoir vainement insisté pour retenir à Strasbourg un homme
si utile, on l'a engagé à rester pendant quelques mois encore,
afin qu'on ait le temps de lui trouver un successeur capable
et entendu; à quoi Culpis à répondu : *que cela pourrait se
faire sous peu, vu qu'on avait proposé un homme très - savant
et capable, nommé Schilter, demeurant à Francfort, auquel on
en a déjà écrit, et qui n'a pas rejeté les offres à lui faites.*

Le préteur royal, qui s'exprima à peu près dans les mèmes
termes, dit, en parlant de Schilter : *que d'ailleurs le S.<sup>r</sup> Schilter
est un homme extrémement savant; qu'il a été professeur en droit
à Iena; qu'ensuite il est venu à la cour, mais qu'il a quitté ce
service, et enseigne dans ce moment à Francfort.*

Arrèté : *L'affaire est recommandée aux scolarques.*

### *Ibid.,* p. 290.

Séance du 22 juillet.

Le préteur royal expose : *qu'on a songé dès l'origine au
S.<sup>r</sup> Schilter qui a rempli des charges importantes dans la maison
de Saxe; géré le directorium du gouvernement de Weimar; été
professeur en droit à Würtenberg (sic Wittenberg?); publié*

---

(1) Je dois cette note à l'obligeance érudite de M. l'archiviste Schneegans.

divers beaux ouvrages, et ensuite rempli avec gloire tant des offices de cour que d'académie ( officia aulica-academica); que les scolarques estiment que, si ce savant pouvait être décidé à se fixer à Strasbourg, il pourrait être d'une grande utilité à la ville, etc.; vu, dit-on, entre autres, que la judicature s'administre avec une négligence déplorable, et qu'il est important pour la ville, toujours réduite à défendre ses anciens droits, surtout au conseil souverain d'Alsace, siégeant à Brisach, d'être représentée par un homme d'autorité et d'expérience. Le préteur propose ensuite d'offrir à Schilter : les charges de conseiller de la ville et de professeur honoraire à l'université, en attendant qu'il puisse être question d'une place de professeur ordinaire.

Décision, conforme à cette proposition : l'affaire est de nouveau recommandée au préteur royal et aux scolarques; et il est arrêté : qu'une vocation sub titulo de conseiller et de professeur honoraire sera adressée à Schilter, au nom de la ville, et qu'il lui sera offert de plus 100 thaler pour son établissement (zu seinem Aufzug), c'est-à-dire, pour les frais de voyage et de premier établissement.

*Mémoriale des XIII,* année 1686, p. 337.

Séance du 17 août 1686.

Il est donné lecture d'une lettre de Schilter, datée de Francfort sur le Mein, du 3 août 1686, dans laquelle ce savant remercie MM. les XIII *de l'inclination* ( des bons sentiments) *qu'on lui porte,* et annonce que, *reconnaissant la direction de Dieu, il accepte la vocation;* exprimant également ses remercîments à raison *du traitement, des priviléges, réserves et autres preuves de bienveillance, et priant de lui faire parvenir les* 100 *thaler offerts.*

Arrêté : *Remercier Schilter de ses bonnes intentions; lui envoyer les* 100 *thaler et l'engager à venir au plus tôt.*

*Mémoriale des XIII,* année 1680, p. 358.

Séance du 5 septembre 1686.

Il est donné lecture de la réponse de Schilter, écrite de Francfort, le 27 août, et dans laquelle, en accusant réception des
100 thaler, il annonce qu'il s'occupe de ses préparatifs de voyage
et qu'il compte être rendu à Strasbourg pour le 1.<sup>er</sup> septembre.

*Mémoriale des XXI;* année 1686, p. 191.

Séance du 14 octobre 1686.

Rapport : que Schilter est à Strasbourg depuis quelques se-
maines; qu'il ne reste plus qu'à lui donner lecture de ses lettres
de provision et à l'admettre à la prestation du serment.

Arrêté : *Faire entrer Schilter et le faire jurer.* — JURAVIT.

*Mémoriale des XIII,* année 1696, p. 52.

Séance du 7 juillet 1696.

Le préteur royal expose : «*que le S.<sup>r</sup> Schilter a publié un* Opus
feudale, *et bien qu'il l'ait dédié* Deo et Reipublicæ, in genere; *il
entend cependant que cette dédicace s'adresse plus spécialement
à la ville, qu'en même temps il s'occupe de la chronique de Strasbourg.*» En conséquence le préteur propose «*de présenter* (au savant) *une vaisselle d'argent de la valeur de* 100 *thaler environ,
aux armes de Strasbourg, au nom de la ville.*»

L'ammeistre Reiseissen trouve la proposition d'autant plus juste :
«*que le S.<sup>r</sup> Schilter compte peu d'égaux; et qu'à plusieurs reprises
déjà, bien qu'il n'ait encore rien reçu de l'université, il s'est fait
entendre tant* respondendo *que* opponendo» (aux soutenances des
thèses).

Arrêté : FIAT.

*Ibid.,* année 1699, p. 95.

Séance du 9 février.

Délibération au sujet d'une chaire devenue vacante à la faculté
de Droit, par la mort du D.<sup>r</sup> Schrag.

Les scolarques proposent d'adjoindre le S.ʳ Schilter, déjà professeur honoraire, au collége des juristes (*collegium juridicum*) d'une manière plus intime, en le faisant assister aux séances du corps ; de lui enjoindre de continuer à *publier* et à *disputer ; de* l'affranchir *de son siége ordinaire au sénat* (*dess Ordinarisitzes, dess Rathsitzes ;* c'est-à-dire de le relever de l'obligation imposée aux avocats de la ville d'assister alternativement aux séances du sénat) ; *et comme ses occupations, loin d'être diminuées par là, ne font au contraire qu'augmenter, de lui donner annuellement, comme gratification spéciale, un* Fuder *de vin blanc vieux.*" (Le *Fuder* de vin était anciennement la charge d'une voiture, *carrata vini*. Il paraît que Schilter avait exprimé le désir de voir ainsi régler sa gratification : „*so etwa in einem trunke weissen fürnemen weines bestehen möchte*", disent les Scolarques.)

Le syndic De Klinglin propose également de donner à Schilter, „*homme profondément savant*", la place de professeur vacante à la faculté de Droit ; cette faculté, dit-il, ne pouvant qu'y gagner. Il dit encore de Schilter „*que dans les cours privés qu'il fait, il surpasse tous les autres professeurs*". Toutefois, pour donner plus de lustre encore à cette faculté de Droit, et pour attirer une plus grande affluence d'étudiants, le syndic propose de faire appeler à l'université un des savants les plus marquants de l'empire ; proposition qui, dit-il, n'a rien de contraire à celle qui concerne Schilter en particulier, que M. le marquis d'Huxelles (intendant du Roi) approuve fortement.

Conclusum : *L'avis des Scolarques est suivi, dans ce sens que le D.ʳ Schilter est adjoint plus intimement au collége des juristes* („*dem Juristen-Collegio genauer vereinbahrt*") ; *qu'il recevra annuellement un* Fuder *de vin blanc vieux des caves de la ville, à titre de gratification ; que la proposition relative à la vocation d'un nouveau professeur de Droit est renvoyée à une nouvelle délibération des Scolarques, auxquels on s'en remet quant à cette affaire, etc. etc.*

FIN.